탄소가 기후 위기랑 무슨 상관이야

탄소가 기후 위기랑 무슨 상관이야
안전한 내일을 위한 어린이 환경 교과서

© 2023. 정지윤 All rights reserved.

1쇄 발행 2023년 9월 15일
3쇄 발행 2024년 7월 10일

글·그림 정지윤
감수 조천호
책임편집 박세미 디자인 오혜진
펴낸이 장성두
펴낸곳 파란의자

※ 파란의자는 주식회사 제이펍의 단행본 브랜드입니다.

출판신고 2021년 8월 12일 제2021-000126호
주소 (10881) 경기도 파주시 회동길 159 3층
전화 070-8201-9210 팩스 02-6280-0405
홈페이지 paranpub.kr 독자문의 paranpub@gmail.com

소통기획부 김정준·이상복·안수정·박재인·송영화·김은미·배인혜·권유라·나준섭
소통지원부 민지환·이승환·김정미·서세원 디자인부 이민숙·최병찬
용지 타라유통 인쇄 한길프린테크 제본 일진제책사

ISBN 979-11-977725-2-8 (73400)
값 16,700원

- 이 책은 저작권법에 따라 보호를 받는 저작물이므로 무단 복제를 금지하며,
  이 책 내용의 전부 또는 일부를 사용하려면 반드시 저작권자와 제이펍의 서면동의를 받아야 합니다.
- 잘못된 책은 구입하신 서점에서 바꾸어 드립니다.
- 이 도서는 한국출판문화산업진흥원의 '2023년 우수출판콘텐츠 제작 지원 사업' 선정작입니다.

제품명: 도서 제조자명: 파란의자 주소: (10881) 경기도 파주시 회동길 159 3층 전화번호: 070-8201-9210 제조년월:
2023년 9월 제조국: 대한민국 사용연령: 7세 이상 주의사항: 책의 모서리가 날카로우니 다치지 않게 주의하세요.
KC 마크는 이 제품이 공통안전기준에 적합하였음을 의미합니다.

안전한 내일을 위한 어린이 환경 교과서

탄소가 기후 위기랑 무슨 상관이야

정지윤 글·그림

파란의자

작가의 말

두려워하는 게 뭔지
제대로 알아야 바꿀 수 있어요

안녕하세요, 어린이 여러분.

나는 그림을 그리는 일을 하는 화가예요. 그러다 보니 주로 책상에 앉아 그림 그리는 시간이 많아요. 요즘은 날마다 밖으로 나가 달리기를 해요. 책상에 앉아 한창 그림을 그리다가 문득 바라본 하늘도 예쁘지만, 밖에서 달릴 때 올려다보는 푸른 하늘은 더 예쁘더라고요.

하늘을 보며 공기를 한껏 들이마시면 참 행복해요. 그러다 갑자기 '이런 예쁜 하늘을 볼 수 있는 순간이 지금뿐이면 어떡하지?' 하고 불안한 생각이 들어요. 그리고 나면 이 푸른 하늘을 지구에 사는 모든 생명과 오랫동안 함께 보고 싶다는 간절함이 마음속에 가득 차게 되지요. 그 간절한 마음을 현실로 이루고자 작게나마 노력했어요. 바로 이 책을 쓰고 그리는 것이었지요.

지금 우리는 기후 위기가 코앞에 닥친 지구에서 살고 있어요. '기후 위기'는 기후 변화 정도가 인류를 포함한 지구 생명체 대부분이 생존하기 힘든 위험한 상태로 가고 있다는 것을 뜻해요. 내가 사는 집은 깊은 산속에 자리하고 있어요. 그러다 보니 혹시 산사태가 일어나지는 않을까 걱정하며 올여름을 보내고 있지요. 이상기후로 인해 해마다 강수량이 늘었기 때문이에요.

원래는 빗소리가 정겹게 들렸는데, 요즘 들어 두렵게만 느껴지니 슬픈 생각마저 들어요. 전 지구적으로 홍수며 가뭄이며 산불이며 온갖 무서운 자연재해가 생기고 있는 이때, 더 늦기 전에 무언가 해야 할 것 같은데 막상 우왕좌왕하기만 하고 어찌할 바를 모르겠더라고요.

그렇게 두렵고 불안한 마음에 서성이고만 있다가 문득 '대체 내가 뭘 두려워하는지 제대로 알고 있는 걸까?' 하는 생각이 들었어요. 기후 위기에 대한 막연한 두려움과 쓰레기 분리수거를 잘해야 한다는 생각만 있을 뿐 제대로 아는 것이 없다는 걸 알았어요. (사실 쓰레기 분리수거조차도 정확한 방법을 잘 모른다는 걸 이 책을 만들기 위해 공부하면서 알았지만요.) 무엇이 두려운지도 모르니까 뭘 해야 하는지도 정확하게 알 수 없는 거예요. 그래서 내가 두려워하는 게 뭔지 정확히 알아보기로 했어요.

처음에는 내가 알고 있는 것들이 무엇인지 하나하나 나열해 봤어요.

- 지구가 뜨거워지고 있다.
- 지구가 뜨거워지면 기후 위기가 와서 우리가 지구에서 살아가기 어렵다.
- 탄소 중립이 되어야 지구가 뜨거워지는 걸 멈출 수 있다.
- 탄소 중립을 위해서는 전기도 아끼고 자동차도 덜 타고 분리수거도 잘해야 한다고 한다.
- 탄소 중립을 위해 탄소 배출을 하면 세금도 걷는다.

이렇게 아는 것들을 적어 봤더니 자꾸 '탄소'에 대한 이야기가 나오는 거예요. 탄소 중립은 뭔지, 또 탄소 세금이 뭔지. 왜 전기를 아끼고 분리수거 해야 하는지……. 꼬리에 꼬리를 무는 질문이 머릿속을 가득 메웠어요. 모르는 것투성이니, 공부하기 시작했지요. '대체 탄소가 기후 위기랑 무슨 상관이지?'라는 궁금증에서부터 실마리를 풀기 시작했어요. '탄소'를 중심에 두고 탄소와 기후 위기가 어떻게 연결되어 있는지 찾아갔지요. 마치 추리소설의 탐정이 된 것처럼 여기저기 기웃거렸어요. 강의도 듣고, 책도 뒤적이고, 인터넷에 있는 여러 정보를 살피며 열심히 찾아 나섰어요.

탄소는 아주 작은 원소이지만 우주 속 별들로부터 온 아주 큰 선물이에요. 지구와 우리 몸을 이루고 있는 탄소는 지구에 없어서는 안 될 존재이지요. 그런데 이렇게 중요한 탄소가 왜 지금은 없어져야 하는 존재로 여겨지게 된 걸까요? 탄소는 지구에 필요한 만큼의 양을 유지하고 있었어요. 그런데 우리가 굳이 땅속에 잠들어 있던 탄소를 꺼내어 마구 내보낸 거예요. 그 때문에 온실가스 양이 늘고 뜨거워졌지요. 알고 보니, 탄소가 문제가 아니라 사람이 이제껏 해 온 행동이 문제였어요.

이 책은 사람의 행동들로 지구가 뜨거워지면서 기후 위기가 발생하는 과정을 차근차근 쉽게 이야기하고 있어요. 어린이들이 이 책을 읽고 그 과정을 이해하는 데 도움이 되었으면 좋겠어요. 그리고 어른들에게 문제 행동들을 바로잡고 다 같이 행동하자고 당당하게 외치기를 바라요. 여러분은 이 세상이 더 나아질 수 있도록 만들 수 있어요!

정지윤

추천하는 글

우리는 기후 위기를 막을 수 있는 마지막 세대입니다

인류가 전례 없는 위업을 달성하고 지구를 지배하기 시작한 지금, 바로 그것 때문에 우리 삶이 지속할 수 없다는 사실을 깨닫고 있습니다. 지구가 인간이 만들어 내는 온실가스 때문에 충격을 받아 인간에게 기후 위기로 돌려주려 하기 때문이에요.

온실가스는 공기 중에 차지하는 비율이 0.04퍼센트 정도로 매우 작지만, 기후 전체에 매우 큰 영향을 미치는 지구 급소입니다. 온실가스가 늘어날수록 지구 급소를 점점 더 강하게 때리는 것과 마찬가지입니다. 이에 따라 극단적인 날씨 현상은 빈도, 강도, 지속 시간과 공간 범위가 계속해서 늘어나지요.

온실가스는 미세먼지나 감염병처럼 한때 나타났다가 원래 상태로 되돌아가지 않는 것이 아닙니다. 대기 중에 배출된 온실가스는 종류에 따라 수십 년에서 수천 년 동안 공기 중에 남아 누적된 채로 미래 세대에게 넘겨줍니다. 우리는 온실가스를 뿜어내어 혜택을 누리고, 그 대가를 미래 세대에 치르게 하려는 것입니다.

첫 기후 협약이 맺어진 1998년 이후 인간이 만들어 낸 온실가스는 히로시마에 투하된 원자폭탄 약 32억 개와 같은 양으로 지구를 뜨겁게 만들었습니다. 지구 평균 기온이 1.5도 오르면 기후 위기가 본격으로 시작하는데요. 2030년대에 일어날 가능성이 큽니다. 2050년대가 되면 2도까지 올라 위험을 헤쳐 나가는 것도 한계에 부딪혀 결국 파국에 이를 수 있습니다. 지금 당장 온실가스 배출량을 줄이지 않으면, 우리 아이들이 기후 위기에 맞닥뜨리게 됩니다. 우리와 큰 상관이 없는 먼 미래가 아닙니다.

우리는 조상으로부터 지구를 물려받았고 후손으로부터 지구를 빌렸습니다. 우리에게는 지구를 맘껏 사용할 수 있는 권리가 없습니다. 지구를 지속할 수 있는 풍요로운 상태로 미래 세대에 넘겨주어야 합니다. 우리가 기후 위기를 막지 못한다면, 인류 역사에서 미래 세대의 생존을 짓밟는 첫 세대가 바로 우리가 될 것입니다.

미래 기후는 자연이 결정할 수 없습니다. 인간이 어떤 세상을 만드느냐에 달렸지요. 기후 위기는 우리 스스로 만든 세상에서 일어난 일입니다. 그러니까 우리가 이 세상을 바꾸면 됩니다. 미래를 현재로 끌어와 그 시간을 바로 지금 살아내야 합니다. 다시 말해,

기후 위기로 인한 인류 파멸이 우리 운명이 될 수 없으므로 현재를 바꿔야 합니다.

기후 위기는 눈앞에 보이는 위험이 아니므로 알아야 대응할 수 있습니다. 《탄소가 기후 위기랑 무슨 상관이야》는 기후 위기가 무엇인지, 그리고 이 위기가 탄소와 어떻게 연결되었는지, 그래서 탄소를 어떻게 줄여야 하는지를 명확하면서도 쉽고 재밌게 들려주는 책입니다. 기후 위기를 처음 인식한 세대이자 그 위기를 막을 수 있는 마지막 세대인 우리가 우리 아이에게 더 나은 세상을 만들어 주기 위해 함께 읽어야 할 책입니다.

현재를 바꾸는 것은 미래를 위한 최후이자 최선의 기회입니다. 우리는 지금 할 수 있는 모든 일을 해야만 합니다.

조천호(대기과학자, 전 국립기상과학원장)

차례

작가의 말　4
추천하는 글　8

01 지구가 뜨거워지고 있어　15
02 지구가 뜨거워지면 기후도 변해　31
03 우리한테 위기가 찾아왔어　47
04 도대체 탄소가 뭐야?　75
05 석탄과 석유로 기계가 움직여　85
06 석탄과 석유에서 탄소가 나와　99
07 지구를 뜨겁게 만드는 탄소발자국　119
08 우리가 뭘 해야 할까?　131

부록 기후 위기 탈출 워크북　157

01

지구가 뜨거워지고 있어

"토실아, 놀자!"

"지금 놀 기분이 아니야.
…뜨거워지고 있어."

바로 지구의 모든 지역과 계절을 평균해서 구한 온도야.

지구의 평균온도

170년 전 지구의 평균온도는 13.9도였어.

170년 동안 1도 오른 상태

지금 지구의 평균온도는 약 15도야.

바로 1도가 올라 버린 거야.

겨우 1도 오른 거 가지고 왜 그래?

겨우 1도라고?

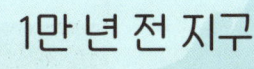

1만 년 전 지구

지구의 많은 부분이 차가운 빙하로 덮여 있었어.

평균온도 5도 차이가 엄청난 거구나.

지구 평균온도 1도는 엄청난 에너지가 있는 거지.

온도가 오르는 게 걱정할 일만은 아니야. 먼 옛날에 온도가 오르면서 지금은 오히려 우리가 살기 좋은 환경이 되었거든.

2만 년 전 빙하기 때부터 온도가 천천히 올라갔고, 1만 년 전부터는 기후가 안정되었어.

그 이후부터는 점점 살기 좋은 환경으로 변해 갔지.

안정된 기후에서 농업이 시작되면서 식량 생산이 늘어났어.

기온이 빨리 오르면 엄청난 일이 생기는 거야?

그걸 몰라서 묻냐?

모르니까 묻지.

그렇군.

그래. 약손이라면 모를 수도 있어.

02

지구가 뜨거워지면 기후도 변해

기후?

'기후'라는 말 들어 봤어?

기온, 강수, 바람의 차이 때문에 지역마다 다양한 기후가 나타나.

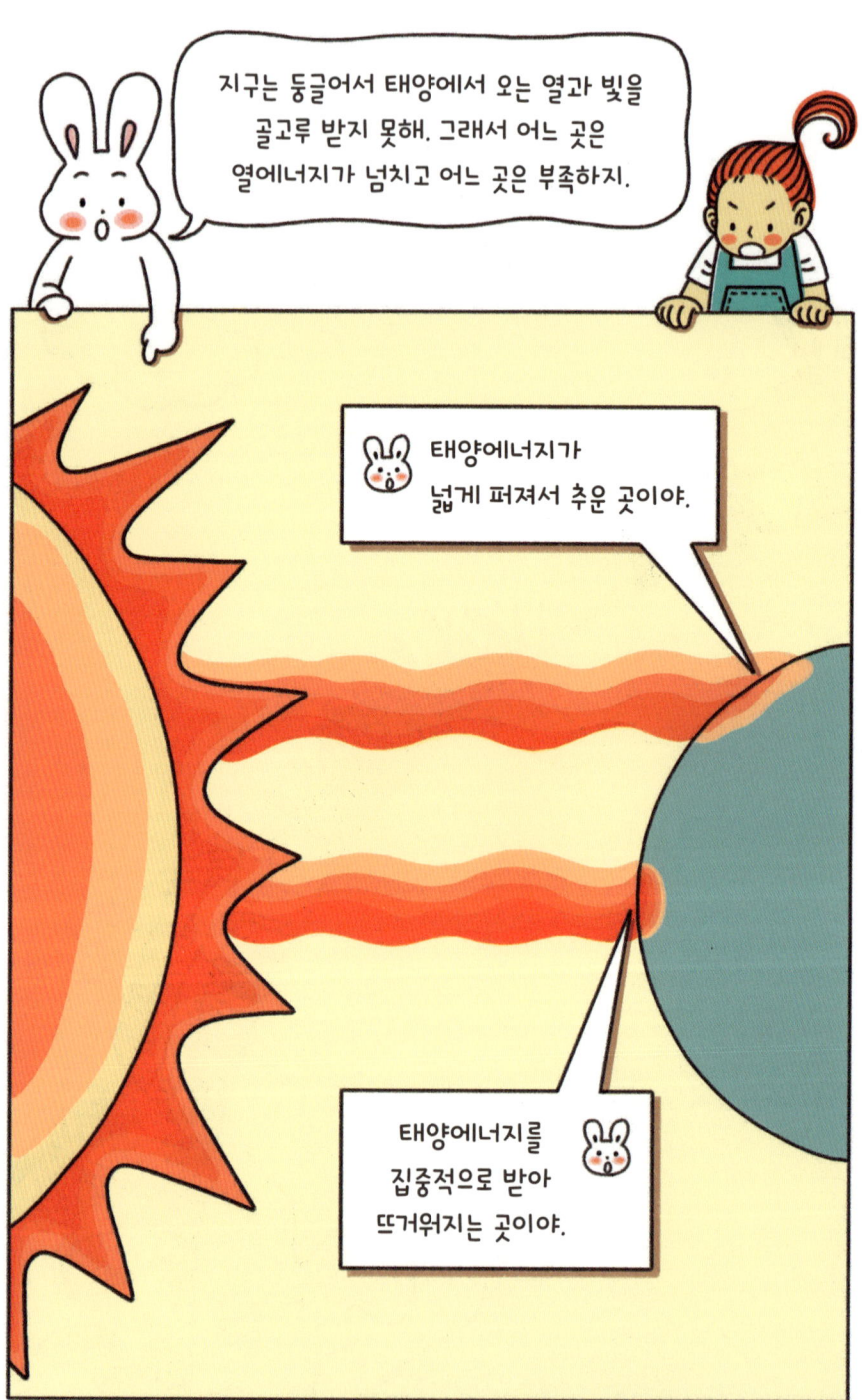

태풍은 뜨거워진 바다의 열기를 차가운 곳으로 보내 주는 역할을 해.

열대 바다의 더운 바닷물은 추운 곳으로 흘러가
따뜻한 열기를 전해 줘.
추운 곳에서 열을 식힌 바닷물은 다시 더운
열대 바다로 흘러가지.

기후랑 지구 온도가 빨리 오르는 거랑 대체 무슨 상관이 있는데?

음? 아직도 이해를 못한 거야?

쉽게 쉽게 설명해 보자.

우리는 지난 1만 년 동안 유지되어 온 안정한 기후에서 문명을 발전시켜 왔어.

안정한 기후에서만 문명이 지속할 수 있지.

하지만 전과 다르게 지구 온도가 빠른 속도로 오르고 있어. 그러면 에너지는 더 불균형해지고 지구가 조절해 오던 활동들이 전과 달라질 거야. 결국 기후도 빠르게 변해 가겠지.

그건 마치 약손이가 갑자기 놀기를 그만두고 책을 보는 것과 같지.

안 돼!

나는 아직 적응할 준비가 안 되어 있단 말이야!

03
우리한테 위기가 찾아왔어

지금까지 우리가 적응하며 살아온 지구의 기후가 변하고 있어!

토실이 얼굴이 너무 커!

지구가 뜨거워지자 추운 극지방의 온도가 오르고 있어.
극지방에 있던 얼음과 눈이 많이 녹고 있지.

얼음을 터전 삼아 살던 북극곰도 점점 살기 어려워져.

이건 북극에 사는 북극곰만의 문제가 아니야.
북극이 뜨거워지면 우리 모두에게 큰 문제가 생겨.

나는 북극에 살고 있지 않은데, 어째서?

북극이 뜨거워지면서 생기는 문제들에 대해서 알려 줄게!

지구가 해 온 조절 작용 생각나?

너무 뜨겁거나 차가운 걸 잘 섞어 주고 균형을 맞추려고 하는 활동이잖아.

맞아! 하지만 지구가 뜨거워지면서 그 조절 작용에 문제가 생기고 있어.

북극이 뜨거워지면서 바람의 조절 작용에 문제가 생겼어!

적도의 뜨거운 공기와 북극의 차가운 공기가
만나는 부분에 바람층이 생겨.
이 바람은 적도와 북극 공기의 온도 차이가 클수록
쌩쌩하게 잘 불지.

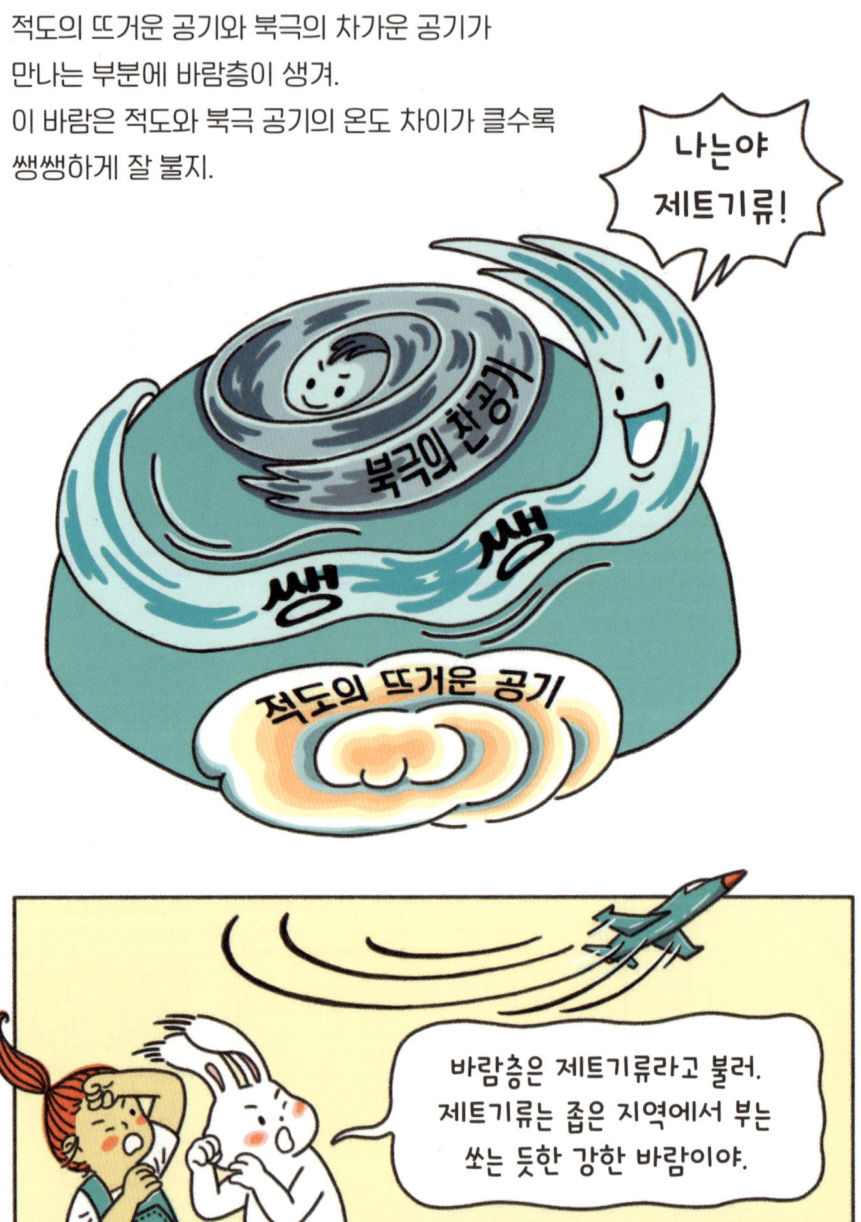

나는야 제트기류!

바람층은 제트기류라고 불러.
제트기류는 좁은 지역에서 부는
쏘는 듯한 강한 바람이야.

북극이 뜨거워지면서 북극과 적도의 온도 차이가 줄어서
제트기류가 더 이상 쌩쌩하게 불지 않아.
힘이 없고 축 늘어져 버렸어.

아~
힘이 없어.

나도 전처럼
차갑지 않아.

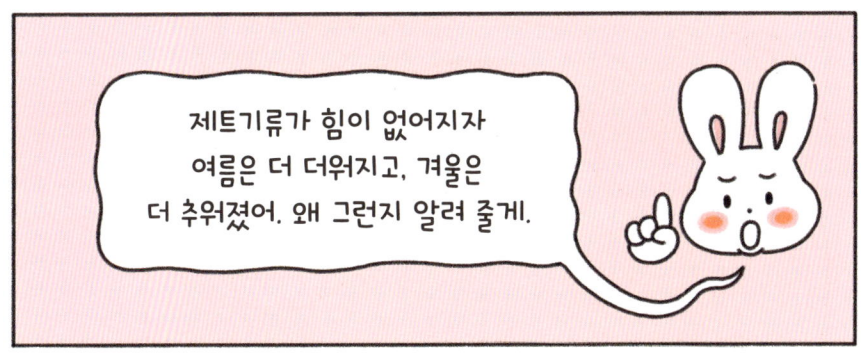

제트기류가 힘이 없어지자
여름은 더 더워지고, 겨울은
더 추워졌어. 왜 그런지 알려 줄게.

왜 여름이 더 더워졌을까?

제트기류는 북쪽의 찬 공기와
남쪽의 더운 공기를 잘 섞어 주고
공기가 잘 흐를 수 있게 해 줘.

그런데 제트기류가 약해지면 더운 공기를
움직이게 하지도 못하고 오히려 밀려나 버려.
더운 공기가 오래오래 그 자리에 머물러 있는 거야.
그래서 더운 날이 오래 계속되는 거지.

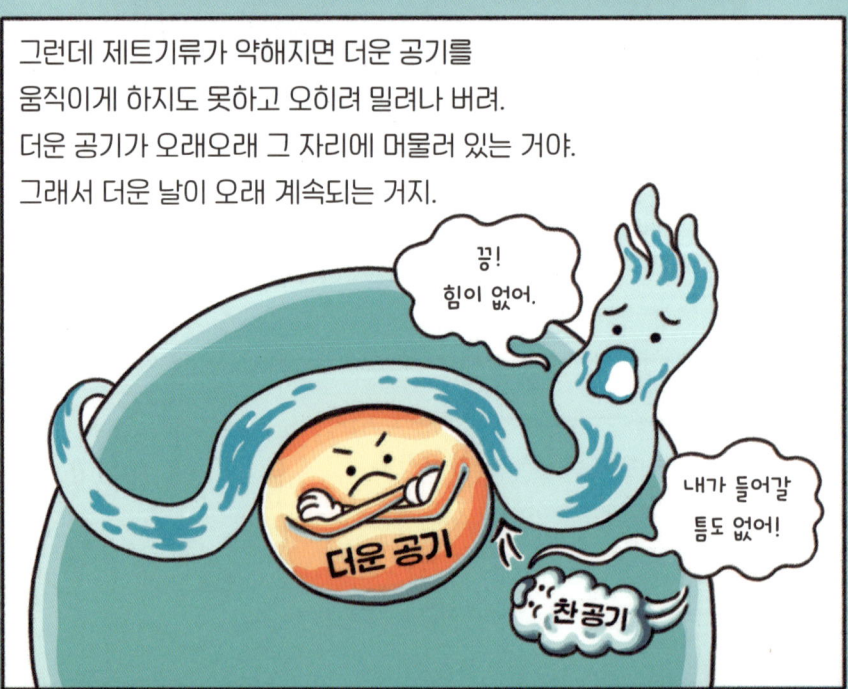

왜 겨울이 더 추워졌을까?

제트기류는 북극의 차가운 공기가 아래로 내려가지 못하도록 막아 주는 역할을 해 왔어.

약해진 제트기류가 흐물흐물 아래로 늘어져 버리니까 북극의 찬 공기가 아래로 내려와 버렸어. 그러다 보니 겨울이 더욱더 추워져 버린 거야.

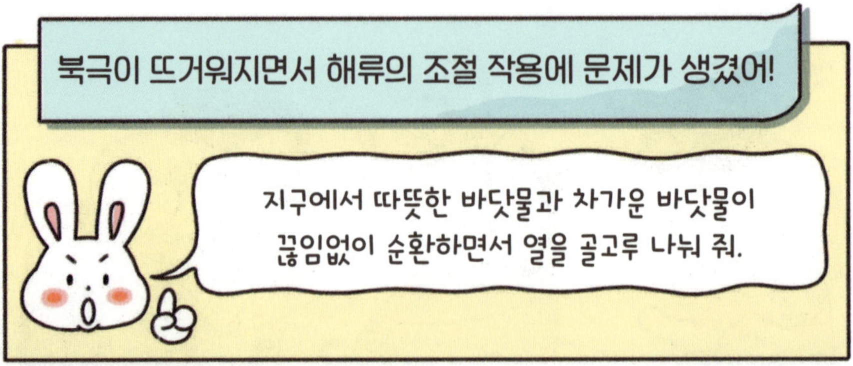

북극이 뜨거워지면서 빙하가 녹고 있어!

빙하의 녹은 물은 바다의 움직임을 방해하기도 하고 해수면을 높이기도 해.

하지만 햇빛을 반사하는 하얀 빙하가 줄어들고,
어두운 빛을 내는 바다가 넓어지고 있어.
바다는 햇빛을 더 많이 흡수하게 됐어.

바닷가의 도시나 섬들은 언제
바다에 잠겨 버릴지도 모른다는 두려움에 떨고 있어.

바다가 뜨거워지면서 홍수와 가뭄이 자주 생겨!

주전자에 든 물이 뜨거워지면 수증기가 생기잖아.

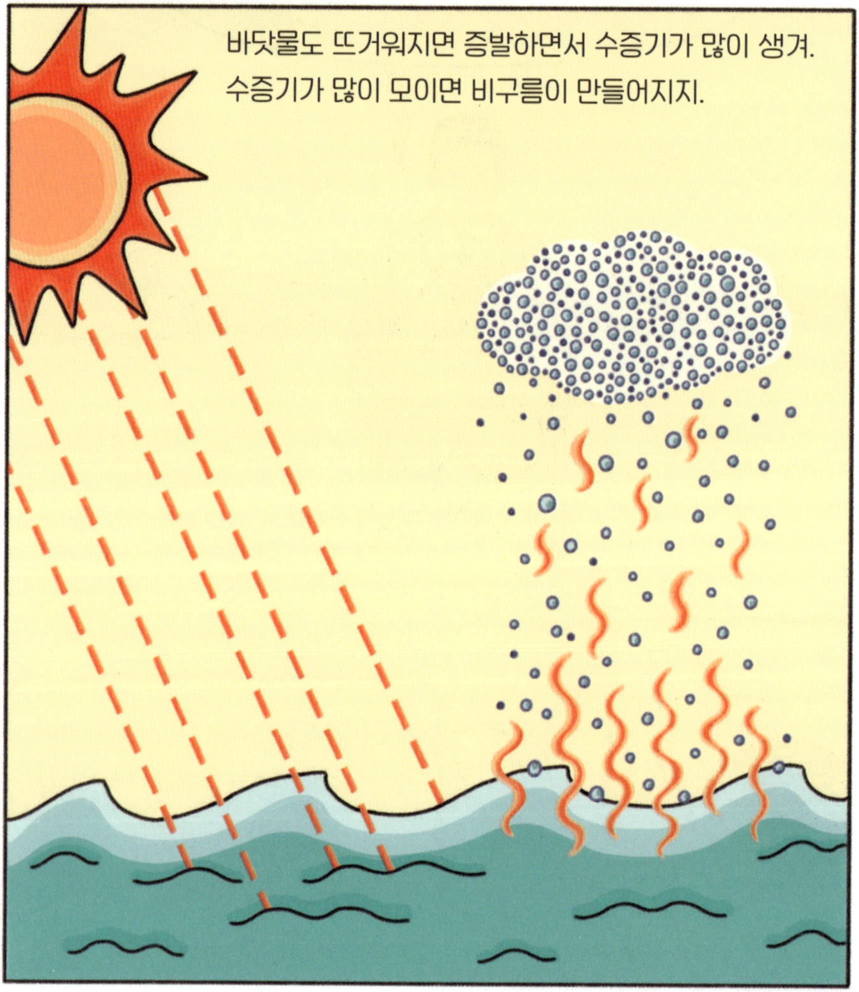

바닷물도 뜨거워지면 증발하면서 수증기가 많이 생겨. 수증기가 많이 모이면 비구름이 만들어지지.

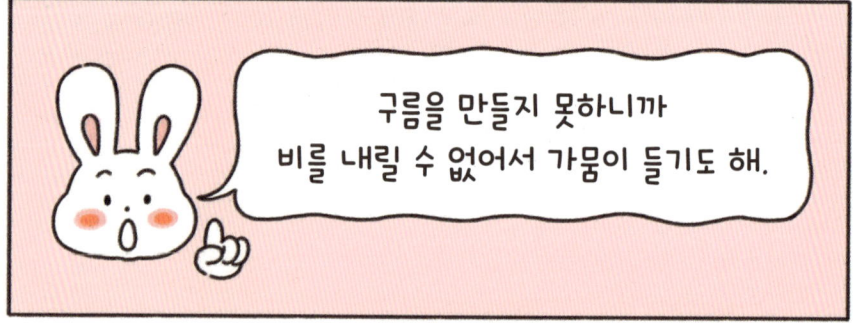

바다가 뜨거울수록 이런 일이 자주 일어날 거야.

비구름

홍수!!

차가워진 공기
아래로

비내린 구름 주변으로 이동

가뭄!!

비구름 X

무슨 말인지 모르겠지만 심각하다는 이야기군.

가뭄이 뭐야?

긴 시간 물이 부족한 상태를 말해.

바다가 뜨거워지면서 태풍이 더 세졌어!

수증기를 많이 먹고 태풍이 되어야지!

뜨거운 열대 바다는 열에너지를 이용해 소용돌이 바람을 일으키지. 소용돌이는 뜨거운 바다에 있는 수증기를 빨아들이며 몸집을 키워 태풍이 되는 거야.

바다가 더욱더 뜨거워지자 수증기가 더 많이 생기고 태풍의 힘도 더 세졌어.

사이클론 태풍 허리케인

태풍으로 발생하는 피해는 어마어마해.

우리한테
위기가
찾아온 거야.
**바로 기후 위기
말이야.**

04
도대체 탄소가 뭐야?

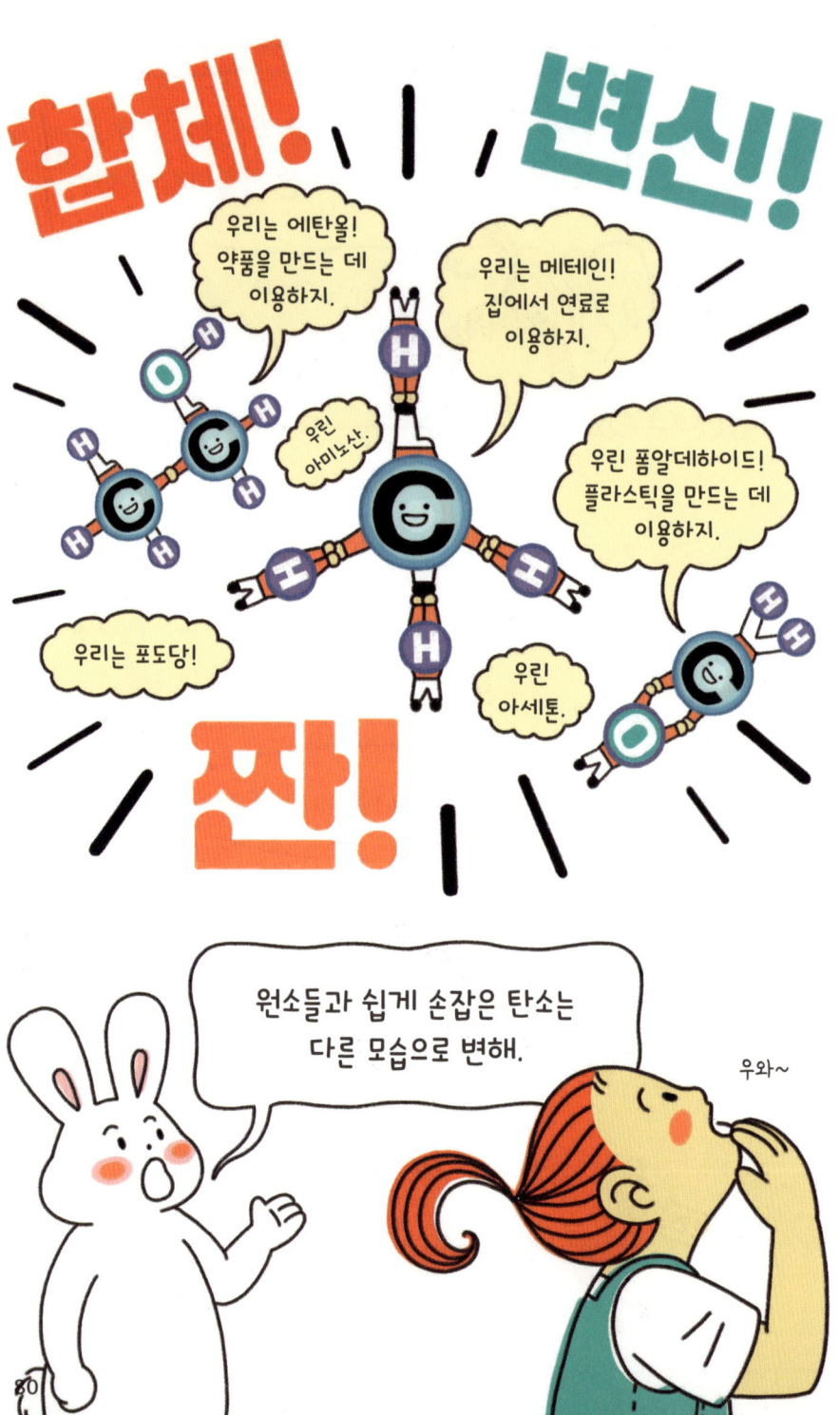

탄소는 식물에게 필요한 이산화탄소로도 변해.

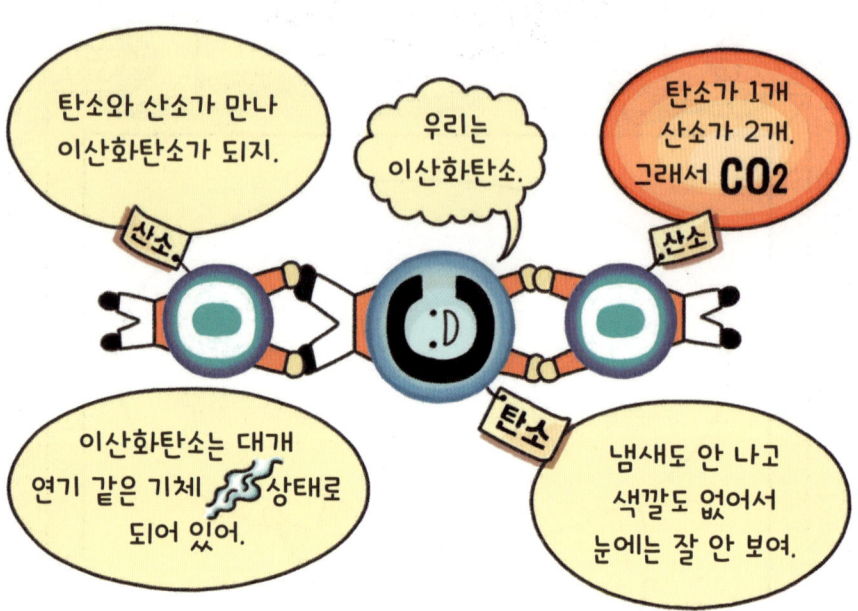

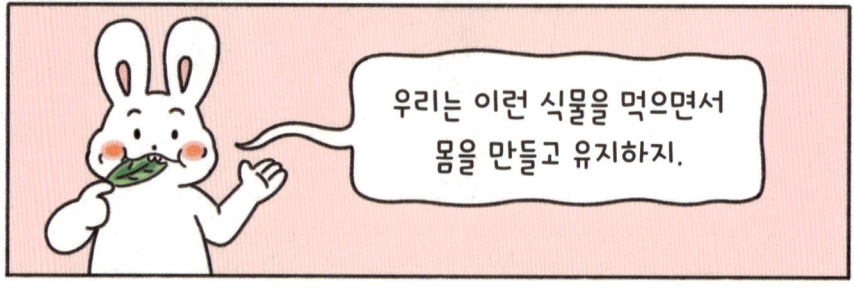

05
석탄과 석유로 기계가 움직여

우리는 석탄과 석유 모두를 연료로 쓰고 있어.

연료는 태워서 에너지를 만들어 내는 거지?

석탄과 석유를 고대 생물의 흔적이라고 해서 화석연료라고도 불러.

그럼 죽은 동식물을 태워서 쓴다는 거야?

열 받고 눌려서 형체가 없어졌다고 했잖아!

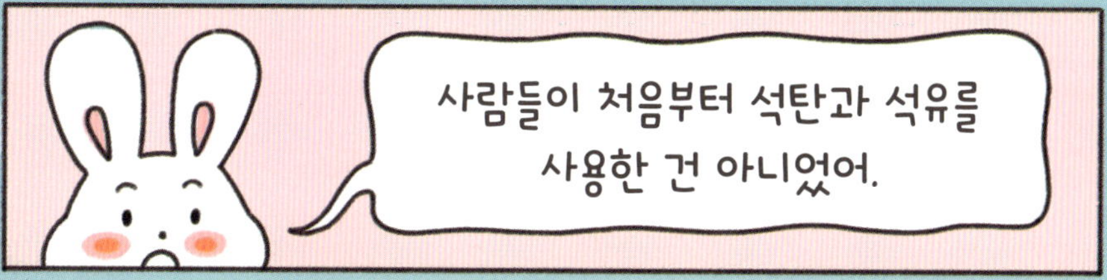

사람들이 처음부터 석탄과 석유를 사용한 건 아니었어.

사람들이 처음 연료로 사용한 건 나무였어. 이때는 손으로 직접 물건을 만들고, 주로 사람과 소, 말 따위의 큰 짐승들이 일해 왔지.

05 석탄과 석유로 기계가 움직여

연료로 사용하던 나무가 점점 부족해지자 사람들은 석탄을 조금씩 꺼내어 쓰기 시작했어.
그러다 석탄을 폭발적으로 꺼내 쓰는 사건이 생겼지.

바로 사람과 동물 대신 일을 해 주는 증기기관을 발명한 거야.

칙칙폭폭~ 증기기관차?

그거 말고!

증기기관은 열에너지를 기계적인 에너지로 바꿔 주는 장치야.

1. 석탄을 태워 열을 낸다.
2. 수증기가 만들어진다.
3. 피스톤을 움직인다.
4. 일한다.

날 모르다니 서운한걸~

누구야?

증기기관으로 유명한 제임스 와트라는 사람이야.

산업혁명 이후 기술은 계속 개발되었어.

증기기관보다 연료를 적게 사용하는 내연기관이 개발되었지.

외연기관

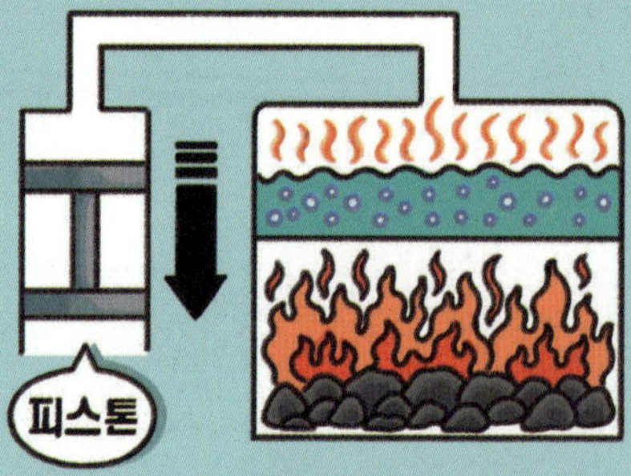

바깥에서 연료를 태우는 증기기관은 열을 바깥으로 많이 빼앗겨.

피스톤

내연기관

안에서 연료를 태우는 내연기관은 열을 많이 빼앗기지 않아.

일한다

내연기관은 연료를 적게 쓰면서도 기계를 오래 쓸 수 있어.

06

석탄과 석유에서 탄소가 나와

그건 말이야····.

어서 말을 해!

탄소

다시 내가 나왔다!

석탄과 석유를 태운 많은 연기는 하늘 위로 올라갔어.
동물과 식물의 시체 속에 있던
숨은 탄소도 공기 중에 풀려나갔지.

탄소

탄소

석탄과 석유를 많이 사용할수록
탄소는 점점 더 많이 나왔고, 탄소가 많이 나올수록
이산화탄소는 더 많이 만들어졌어.

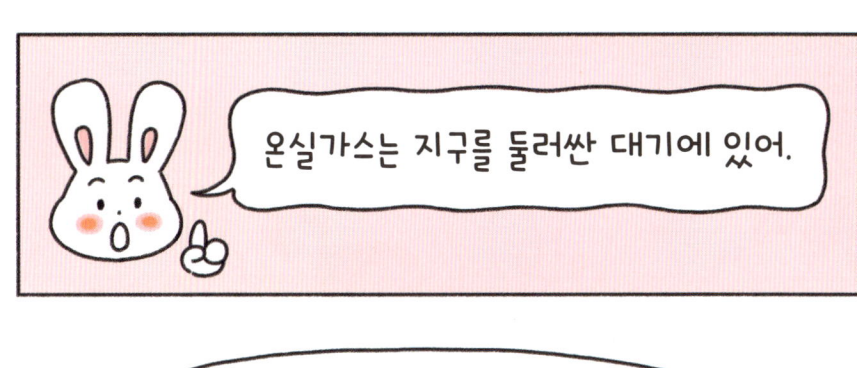

다행히 지구는 태양으로부터 흡수한 열을
다시 우주로 방출해.

대기 중의 온실가스가 빠져나가는 열의 일부를 막아 주는 덕분에 너무 뜨겁지 않으면서도 살기 좋은 온도로 만들어 줘.

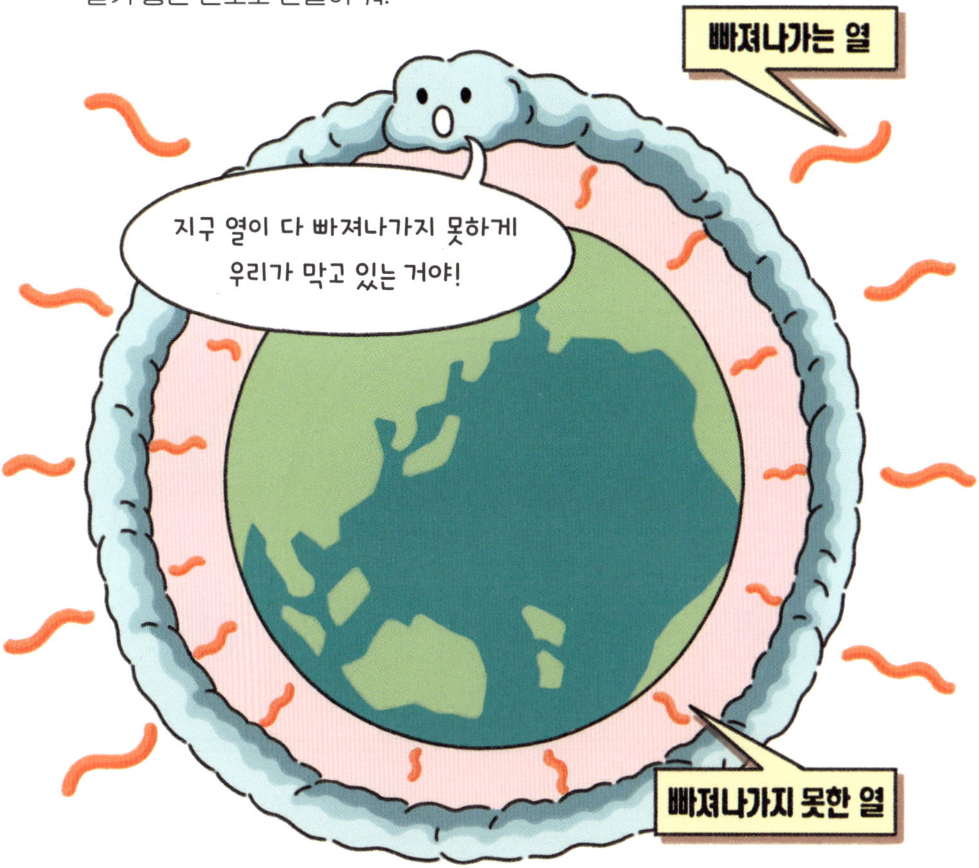

빠져나가는 열

지구 열이 다 빠져나가지 못하게 우리가 막고 있는 거야!

빠져나가지 못한 열

달은 지구와 같은 대기가 없어서 열을 흡수하지 못하거든. 그래서 평균온도가 매우 낮아.

온실은 추운 날에도 따뜻한 열기가 나오도록
만든 장소야.

지구가 온실에 있듯
따뜻하게 만드는 기체를
'온실가스'라고 불러.

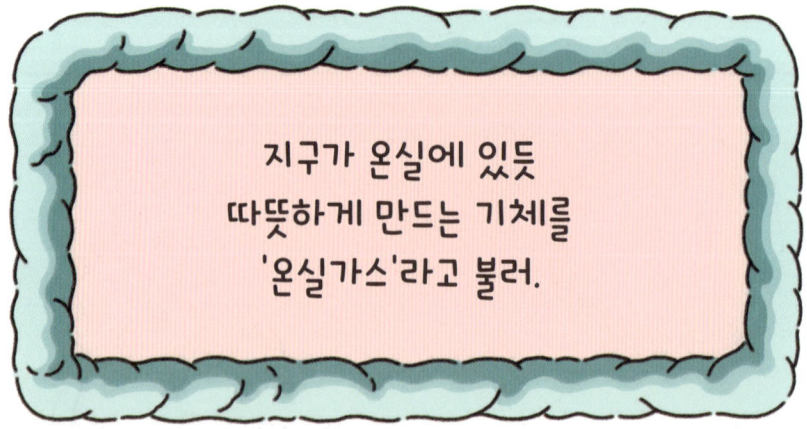

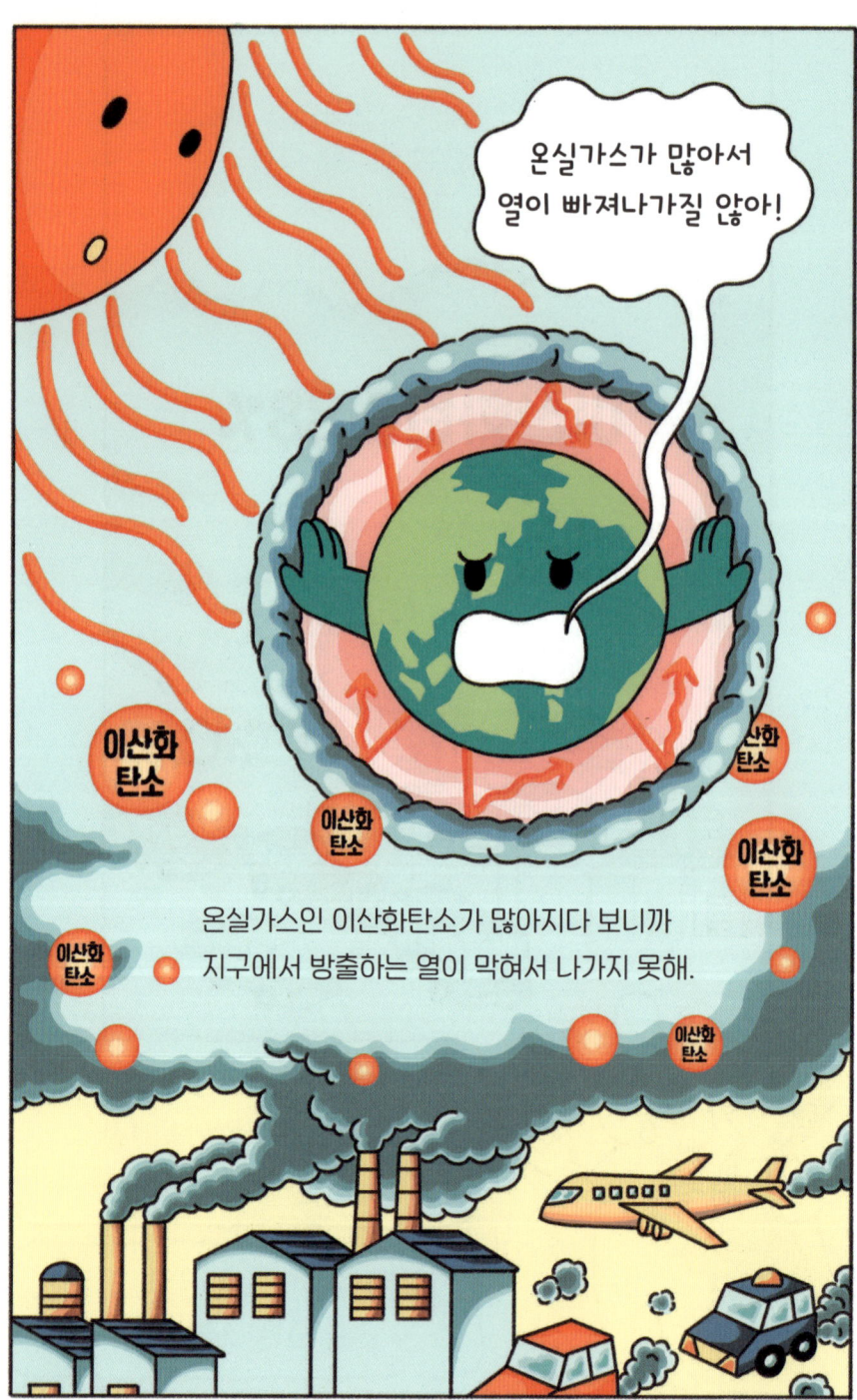

살기 좋은 적당한 온도를 넘어서 지구가 **뜨거워지고 있어.**

탄소는 어디에나 있어.

시든 식물, 동물 사체에도 탄소가 있어.

온실가스가 지구를 뜨겁게 만들고 있어

높은 열과 압력으로 만들어진 화석연료.

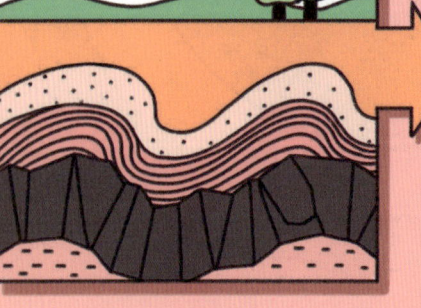

화석연료에는 석탄과 석유가 있어.

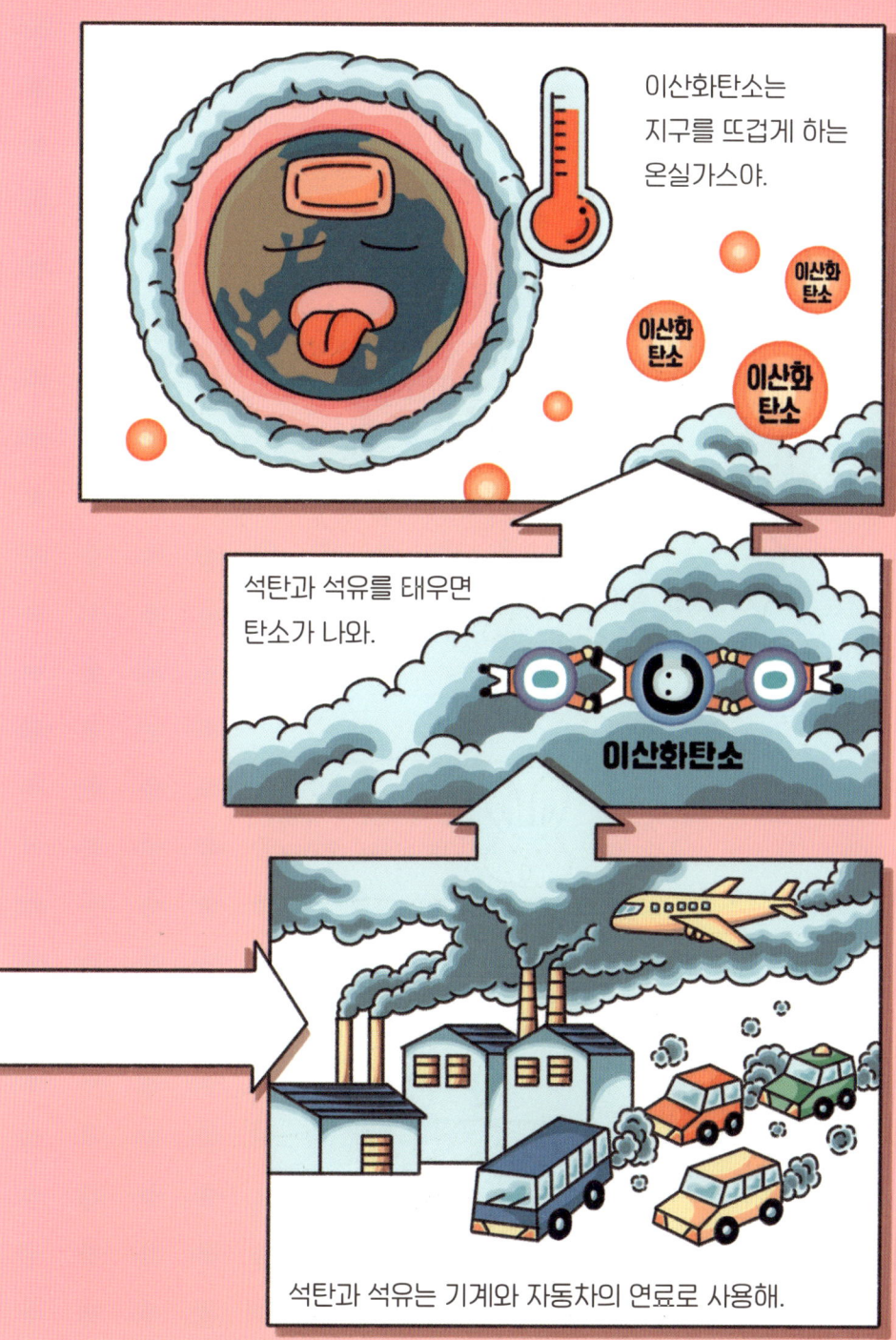

지구가 뜨거워지면서 시베리아나 알래스카 등 북극 주변에 얼어 있는 땅들이 녹고 있어.

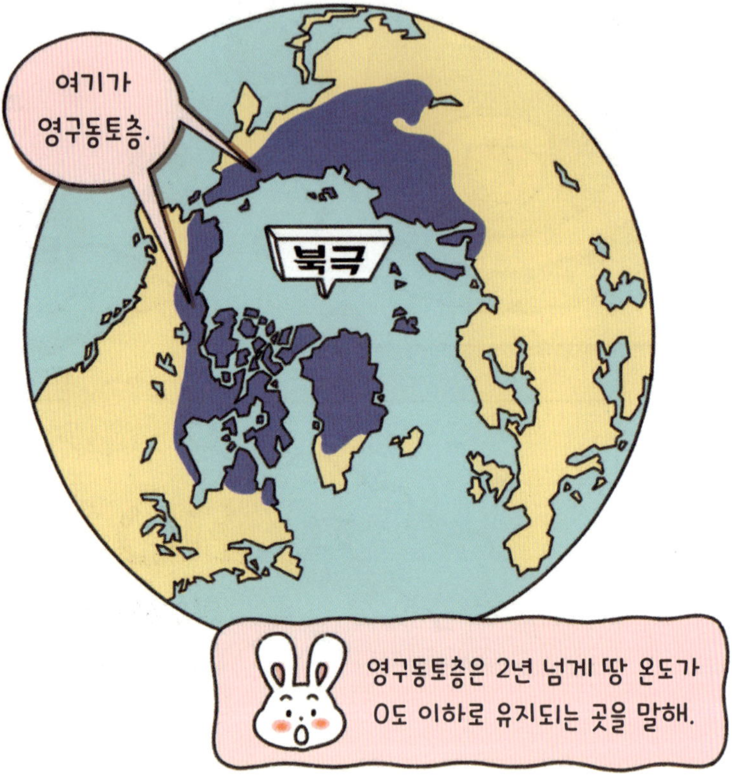

그나마 바다가 있기 때문에 지구가 1도만 오를 수 있었어.
바다는 지구 표면의 3분의 2를 차지할 만큼 엄청나게 넓지.

지금까지 바다는 늘어나는 탄소들을 흡수해 주고 있었어. 그런데 바다도 이제 점점 탄소를 흡수할 능력이 사라지고 있어.

바다까지 이러면 지구는 더 뜨거워지겠네.

바다는 지금 '탄소' 흡수 중...

주의 : 바다의 탄소 흡수 용량이 다 차 가고 있습니다.

우리가 만든 위기니까 우리가 변하면 기후가 급격하게 변해 가는 걸 막을 수 있을 거야.

우리가 변해야 해!

07
지구를 뜨겁게 만드는 탄소발자국

누구 발자국이지?

탄소발자국은
내가 걸어온 길에 발자국이 남는 것처럼,
우리의 모든 활동과 물건들이 만들어지고
쓰이는 과정에서 발생하는
탄소의 양을 말하는 거야.

탄소발자국이 길다는 건 그만큼 지구를 뜨겁게 하는 온실가스를 많이 만들고 있다는 말이야.

여기 플라스틱 병이 하나 있어.
이 플라스틱 병이 만들어지고 쓰이는 과정을 따라가면서
탄소발자국이 얼마나 되는지 한번 알아보자.

플라스틱은 석유로부터 만들어져.

깊은 땅속에서 뽑아 올린 석유는 곧바로
플라스틱으로 만들 수 없어.

플라스틱 병을 만드는 공장에서 돌아가는 기계들은
전기로 움직여.

전기를 만드는 발전소 중
석탄을 태워서 전기를
만드는 곳도 많아.
석탄을 태우는 과정에서
온실가스가 만들어져.

우리는 이렇게 도착한 플라스틱 병을
쉽게 사고 쉽게 버리지.

이게 바로 플라스틱 병 하나가 만들어 낸
탄소발자국이야.

스웨덴 환경운동가 그레타 툰베리는 세계 여러 나라 정상들이 모인 유엔 기후행동 회의에서 이렇게 말했어.

"여러분이 희망을
품지 않았으면 좋겠어요.
미래가 없다는 현실을
똑똑히 보고 무서워하라고요!
자기 집에 불이 난 것처럼
재빨리 행동하세요!
정말 지구가
불타고 있으니까요!"

우리는 탄소 만드는 일들을 줄여 나갈 방법을 고민해야 해.

햇살이나 바람 같은 자연을 이용해서 에너지를 만들고, 석유가 아닌 전기로 달리는 자동차도 만들고 있어.

우선 탄소를 뿜어내는 석탄과 석유가 아닌 새로운 에너지를 개발하고 찾아야 해.

많은 나라들이 기후 위기를 깨닫고 파리에 모여
탄소를 줄이는 노력을 하자고 약속하기도 했어.

파리 협정서

· 산업혁명 이전(사람들이 화석연료를 태우기 전)과 비교해 2℃(도씨) 이상 올리지 않도록 한다.
· 기온 상승이 1.5℃를 넘지 않도록 노력하며, 온실 기체 배출량을 점차 줄여 나간다.
  …

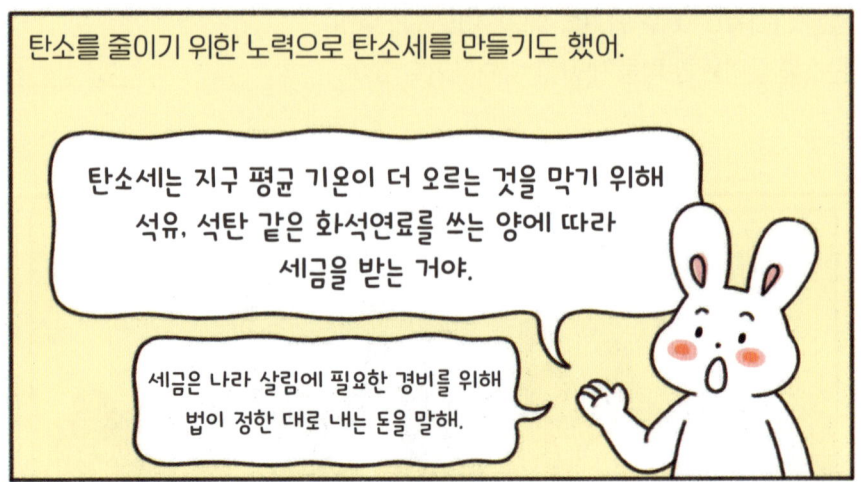

기업들도 이러한 신호를 읽고, 화석연료 대신 다른 방법들을 더 빨리 찾으려고 노력할 거야.

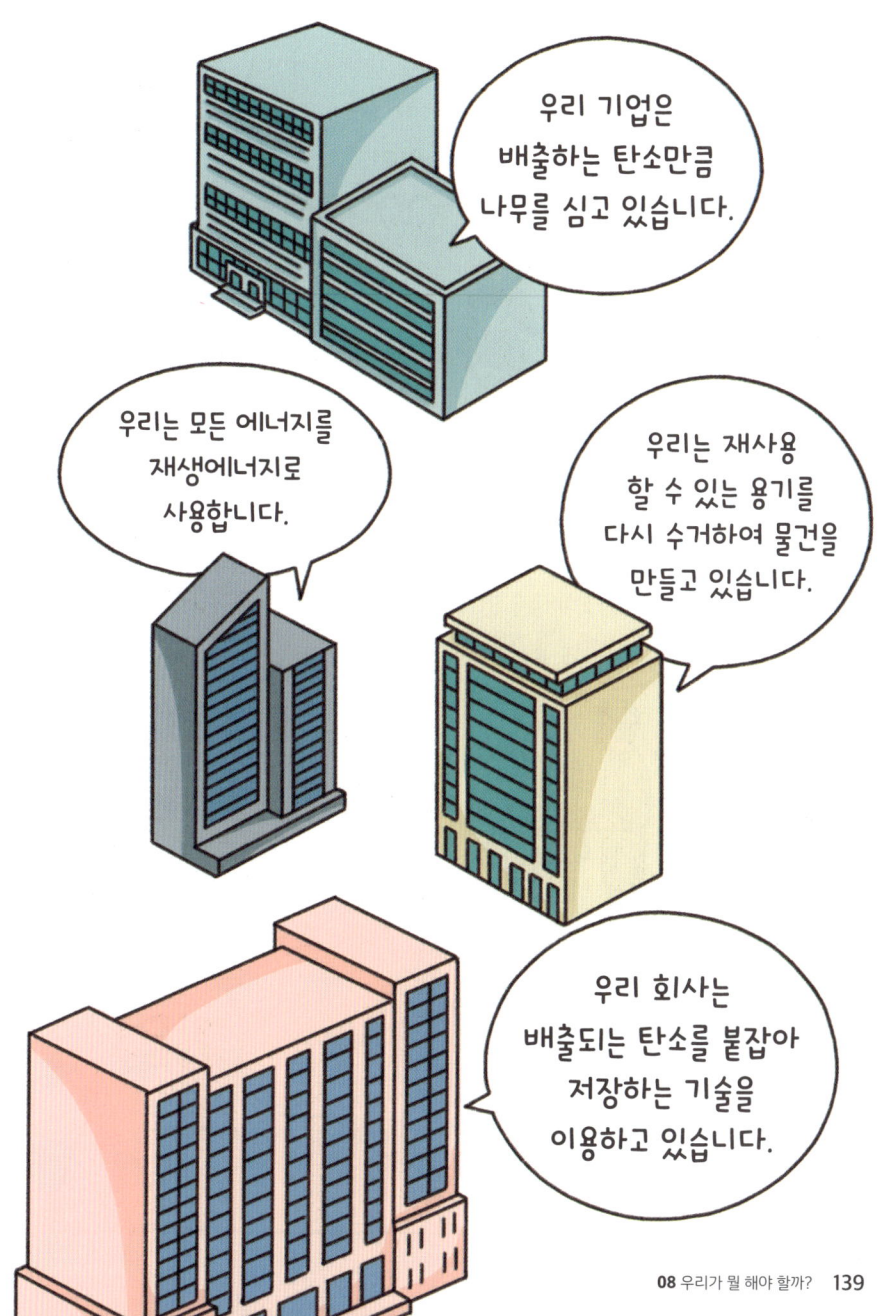

우리는 우리 생각들을 적극적으로 이야기해야 해.

탄소를 줄이는 기술이나 제도를 만드는 건 중요해.
하지만 탄소를 흡수하는 산림이나 갯벌도
더 이상 파괴하지 말고 잘 가꾸어 나가야 해.

전기를 아껴 사용하자

석탄을 태워 전기를 만드는 과정에서도 탄소가 나와. 당연히 전기를 아껴 사용하면 탄소 배출을 줄일 수 있지.

탄소

전등을 끄고 플러그를 빼 두자.

전기 코드를 계속 꽂아 두면 기계 전원을 꺼도 전기가 흘러.

난방을 줄이고 추우면 옷을 여러 벌 껴입자.

너무 많이 껴입었나?

빨래 건조기를 사용하는 대신 바람에 말리자.

고기를 적게 먹어 보자

고기를 먹기 위해 만들어지는 온실가스가 엄청나게 많아.

동물을 키우기 위해 넓은 목장이 필요하고,

먹일 사료를 키우려면 넓은 농장이 필요해.

탄소를 흡수하는 소중한 산림을 태워 목장과 농장을 만들지. 산을 태울 때 온실가스가 뿜어져 나와.

농사를 크게 지을 때 석유를 쓰는 기계를 이용하지.
이때도 온실가스가 나와.

탄소

가축이 뀌는 방귀나 트림은 '메테인'이라는 온실가스야.
엄청나게 많은 가축을 기르고 있으니 그 양도 엄청나지.

쓰레기 분리배출을 잘해서 재활용되게 하자

물건을 만드는 원료를 만들 때도 탄소가 나와.

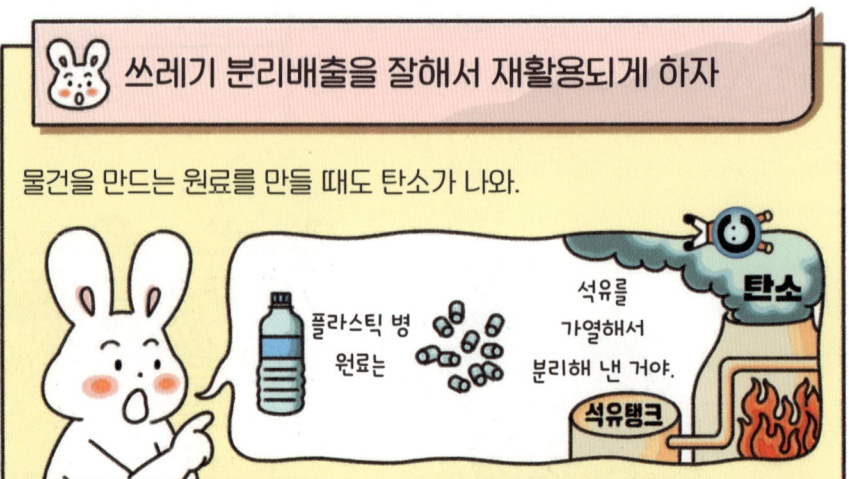

원료를 다시 재활용한다면 그만큼 탄소 배출을 줄이는 거야.

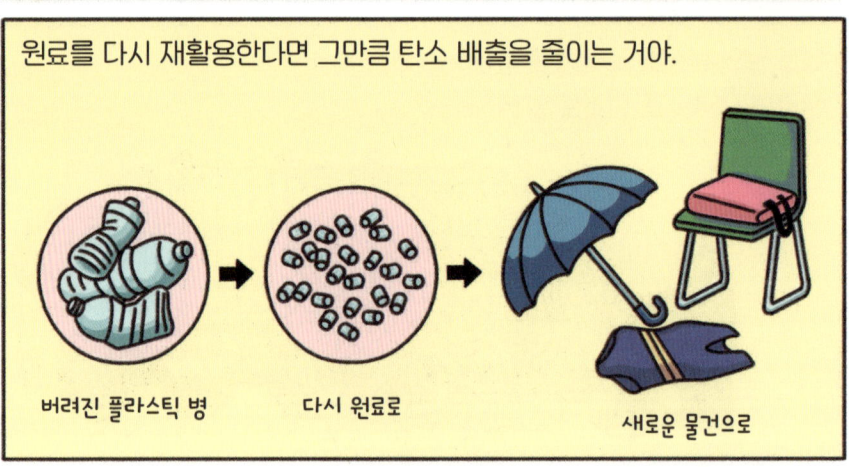

유행 따라 옷을 사지 말자

빠르게 변하는 유행에 따라 만들어진 옷들은 다 팔리지 못하고 버려져.

저 옷은 유행이 지났어. 사지 말아야지.

버려진 옷들을 땅에 묻거나 태워 버리는 과정에서 온실가스가 나오는 거야.

유행 따라 옷을 사지 말고 꼭 필요한 옷은 녹색가게나 알뜰 장터에서 사자.

가까운 거리는 차 타기보다 걸어 다니자

걷기 좋은 날씨다.

휴지 대신 손수건을 가지고 다니자

물을 쏟았네.

이걸로 닦아.

여기 손수건 있어!

탄소 중립?

기후 위기가 코앞으로 다가오니까 여기저기서 탄소 중립을 이야기하지? '중립'이란 어느 쪽에도 치우치지 않고 중간에 서 있는 걸 말해.

탄소 중립은 탄소 배출량과 탄소 흡수량을 같게 해서 탄소를 '0'으로 만드는 거야.

탄소 배출량

탄소 흡수량

우리가 할 수 있을까?

부록

기후 위기 탈출 워크북

기초 지식 초성 퀴즈

CH1 기후

아래 초성을 보고 빈칸에 들어갈 말을 맞혀 보세요. 책을 잘 살피면 답이 뭔지 알 수 있어요.

1	지금보다 평균온도가 5도 낮았던 1만 년 전 지구는 차가운 ㅂㅎ 로 덮여 있었다.
2	ㄱㅎ 는 오랜 시간에 걸쳐 나타나는 평균적인 날씨를 말한다.
3	발달한 인간 삶의 모습을 ㅁㅁ 이라고 한다.
4	극지방의 얼음과 눈이 많이 녹으면 ㅂㄱㄱ 이 터전을 잃고 살기 어려워진다.
5	좁은 지역에서 부는 강한 바람인 ㅈㅌㄱㄹ 가 힘이 없어지니까 여름은 더 더워지고 겨울은 더 추워졌다.
6	바다가 뜨거워지니까 수증기가 더 많이 생기고 ㅌㅍ 의 힘이 더 세졌다.
7	지구는 추운 곳은 덜 춥게 더운 곳은 덜 덥게 해서 ㄱㅎ 을 맞추려고 한다.
8	오랫동안 계속하여 비가 내리지 않으면 ㄱㅁ 이 생긴다.
9	석탄과 석유는 고대 생물의 흔적이라고 해서 ㅎㅅㅇㄹ 라고 부른다.
10	ㅈㄱㅇㄴㅎ 는 지구의 기온이 높아지는 현상을 말한다.

CH1 기후

화석의 변신! 사다리 타기

식물 화석과 플랑크톤, 물고기 같은 해양 생물 화석은 오랜 시간이 지나 무엇으로 쓰였을까요? 사다리 타기를 해 보세요.

식물 화석　　물고기 화석

빙하　　석유　　석탄　　산

CH1
기후

문명의 발달 숨은그림찾기

찾을 그림

지금으로부터 1만 년전부터 기후가 안정되면서 우리 문명이 발전해 갔어요.
온 지구 사람들이 어떻게 살아 왔는지 잘 살펴보고 숨은 그림을 찾아보세요.

CH2 위기

가로세로 낱말 퍼즐

가로와 세로에 주어진 열쇠를 보고 낱말 퍼즐을 완성해 보세요.

가로 열쇠

① 사람이 손으로 물건을 만들던 세상에서 기계로 일하는 세상으로 변한 현상. 18세기 후반부터 약 100년 동안 일어났다.
② 지구의 기온이 높아지는 현상.
③ 열에너지를 기계적인 일로 바꿔 주는 장치로, 석탄을 태워 열을 내 수증기가 만들어지면 피스톤이 움직인다.
④ 오랜 시간에 걸쳐 나타나는 평균적인 날씨.
⑤ 지구 대기를 오염시켜 온실효과를 일으키는 가스를 통틀어 이르는 말.
⑥ 지구에 있는 많은 원소 중 하나로, 원소 기호 C로 나타낸다.

세로 열쇠

① 탄소가 산소를 만나면 생기는 기체로, 원소 기호는 CO_2로 나타낸다.
② 아직까지 없던 기술이나 물건을 새로 생각하여 만들어 내는 일.
③ 대기 중의 수증기나 이산화탄소 따위가 지구 표면에서 나오는 열에너지를 흡수하여 지구 온도를 높게 만드는 것.
④ 지구 같은 천체의 겉면을 둘러싸고 있는 기체.
⑤ 대기의 온도.
⑥ 연료나 석유 화학 연료로 쓰는 기체로, 무색무취에 공기 중에 타기 쉬운 성질이 있다.

CH2 위기

기후 위기 미로 탈출

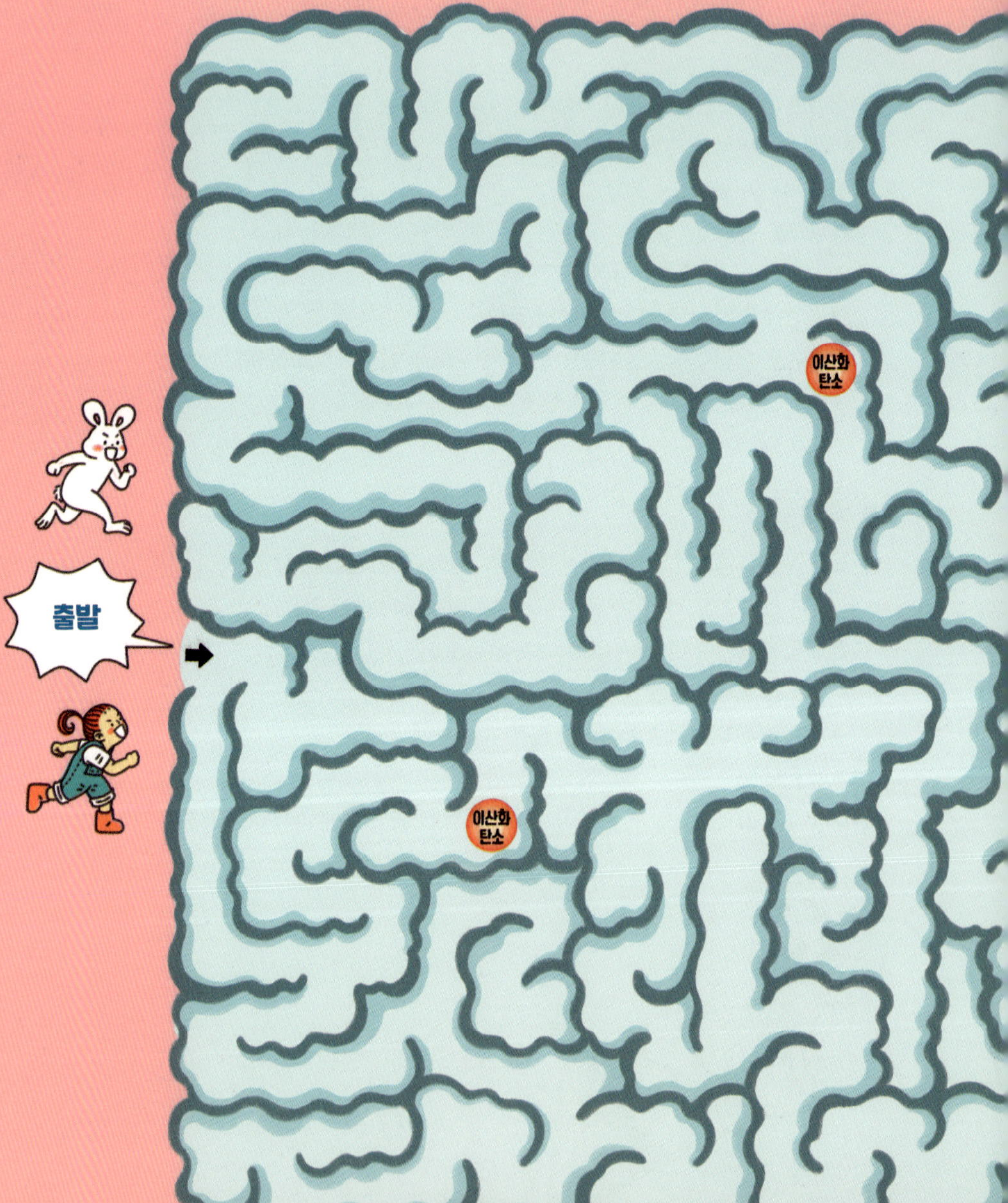

출발

온실가스로 가득한 미로에서 약손이랑 토실이가 탈출할 수 있게 도와줘요!
미로 속에 있는 이산화탄소를 따라가면 길을 쉽게 찾을 수 있어요.

부록 기후 위기 탈출 워크북

CH2 위기

꼬리에 꼬리를 잇는 말

○○는 어디에나 있어.

동식물의 시체에도 ○○가 있어.

○○○○가 지구를 뜨겁게 만들고 있어

높은 열과 압력으로 만들어진 ○○○○야.

바로 ○○이랑 ○○지.

빈칸에 들어갈 알맞은 말을 넣어 보세요. 같은 테두리 색 빈칸에 같은 말이 들어가요.

도전! 쓰레기 분리배출

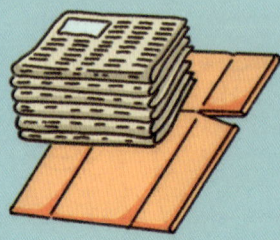
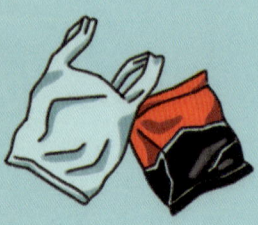

물건을 재활용하면 탄소 배출을 줄일 수 있어요.
물건마다 알맞은 분리수거함에 넣어 보세요.

부록 기후 위기 탈출 워크북

CH3 탈출

탄소발자국을 줄이자

탄소발자국은 우리가 소비하는 모든 물건을 만들고, 사고팔고, 유통하고 버리는 데에 드는 온실가스 발생량을 탄소량으로 나타낸 거예요.
생활하면서 어떻게 탄소를 배출하고 있는지
탄소발자국 안을 그림과 글로 채워서 완성해 보세요.

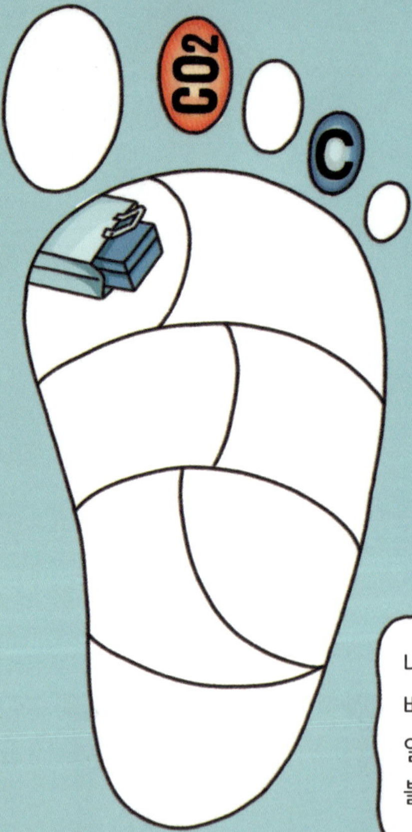

내가 생활 속에서 배출하는 이산화탄소량이 얼마인지 계산해 볼 수 있어요.

탄소발자국 계산기 바로 가기

정답 확인

158쪽 1. 빙하 2. 기후 3. 문명 4. 북극곰
       5. 제트기류 6. 태풍 7. 균형 8. 가뭄
       9. 화석연료 10. 지구온난화

159쪽

166쪽 탄 소 온 실 가 스
       화 석 연 료
       석 탄   석 유

160쪽

162쪽

		이			발	
		산	업	혁	명	
지	구	온	난	화		
		실		탄		부
		효		소		탄
		과		기	후	소
	대			온	실	가	스
증	기	기	관			

164쪽
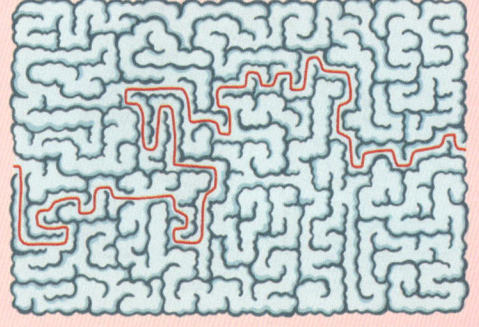

168쪽
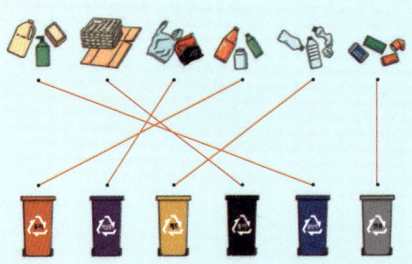

부록 기후 위기 탈출 워크북

기후 위기에서 탈출하기 위한
우리의 실천

- 전기를 아껴 사용해요.
- 고기를 적게 먹어요.
- 음식물 쓰레기를 줄여요.
- 자기가 사는 지역에서 나는 음식을 먹어요.
- 쓰레기 분리배출을 잘해요.
- 물건을 함부로 버리지 말고 재활용해요.
- 유행 따라 옷을 마구 사지 마세요.
- 꼭 필요 없는 물건은 사지 마세요.
- 가까운 거리는 차 타지 말고 걸어 다녀요.
- 휴지 대신 손수건을 가지고 다녀요.